Kuunsolmu

VELI MATTI MATHLIN

Kuunsolmu

runokokoelma

© 2015 Veli Matti Mathlin
Päällys ja taitto: Books on Demand
Kannen kuva: Kari Kanasaari
Kustantaja: BoD – Books on Demand, Helsinki, Suomi
Valmistaja: BoD – Books on Demand, Norderstedt, Saksa
ISBN: 978-952-318-713-9

Sisällysluettelo

Hento

kroppani on liian hento
raskaisiin tosimiesten hommiin
se ei myöskään sovi
taiteilijapiireissä pyörivälle
näkemykseni joustaa ja muovautuu
ja muodostuu ongelmaksi niille
jotka nauttivat kunnon väittelyistä
asiat saavat puolestani olla mitä ovat
en tarvitse roolia kuuluakseni johonkin
katson suoraan silmiisi
haluan että sinäkin katsot minun silmiini
pidin sitä ennen keskinkertaisuutena
jotenkin kartettavana ominaisuutena
vankilana johon liian pienellä egolla varustettu jää vangiksi
ajattelin että ne menestyvät joilla on tahtoa
ja yksi asia jolle omistautua
pidin sitä myös masennuksen ensioireena
millään ei ole merkitystä
kroppani sopii monien asioiden oppipojalle
joka kulkee polun keskitietä
jonka pinta on luonnollisesti kulunut
elämän metsään
näkemykseni on hyväksyvyyttä
eikö se ole muka tavoiteltavaa

Erämaa

jossain mieleni reunalla
siellä missä unessani
katselen loputonta erämaata
juuri tuolla kohtaa
nousee tunne loputtomuudesta
ja turvattomuudesta
unessani en pysty astumaan
erämaahan
en pysty jättämään kaikkea
sitä mikä olen
en pysty luottamaan
näkemättä päämäärää
tutkiskelen tuota tunnekuvaa
ymmärrän että raja
on raja mieleni
ja sen välillä
mikä ei ole enää mieleni
hallittavissa
jokin minussa kavahtaa oivallustani
katson erämaahan
puntaroin tunnetta
annan sen haihduttaa
kaikki syyt pois
annan sen hengittää
minut täyteen luottamusta

Avannot

olen sahannut jäähän avantoja
meren jäälle
mieluisille paikoille
hengitysaukkoja
sukellan kylmään maailmaan
veri pakenee syvälle
harmaantuvan ihon alle
kuroudun hylkeen nahaksi
vesi liukuu ihoani vasten
liikun sulavasti
pimeä syvä vesi
valkokangas syvyyksien
katselen mieleni fantasiaa
nautinnollista
unelmaa kaunista
vain liukuessani olemassa olevaa
muistan avannot
henkireikäni
ikkunat ylläni
ajan kulun tauot
nousen pois vedestä

Feeniks

nousen tietoisuuden lintuna
ylle maailman
näen maailman samanarvoisena maalauksena
nousen olemisen avaruuteen
allani minun planeettani
merkityksellisenä merkityksettömyyden meressä
kipuan kasvina
lähemmäksi läsnäolon aurinkoa
nautin sen lämmön tuottamasta riemusta
ja mieleni fotosynteesissä
havahtumisen hetkellä
muutun kukaksi
olen tuhkaksi palanutta
maan tomua, materiaa
nöyrryn ajan paineelle
luonnonvoimien armottomuudelle
kiteydyn hyväksymisen rauhassa
kristallisoidun kiitollisuudessa
annan valon kulkea
ametisti ovestani

Keräilijä

mieleni on kokoelma ajatuksia
roolini on kokoelma toiveita
huoneeni on heijastumia mielestäni
elämäni on heijastumia toiveistani
ajatusten virta, toiveitten uoma
kun liike pysähtyy
katoan

Tyhjyys

läpi silmieni linssien
porautuu informaatiotulva aivoihini
polttolasin tavoin se kuumentaa
minua urbaanilla epäesteettisyydellään
illalla puen päälleni lämmintä
ja heittäydyn selälleni hankeen
katson avaruutta
silmien hiljaisuutta
läpi korvieni käytävien
törähtelee kakofonia päähäni
rummuttaen railoja rauhaani
luonnottomalla epäharmonialla
pakenen kesäiseen metsään
teltassa odotan aamuyön hetkeä
jolloin hiljaisuus saa korvani
kuulemaan avaruuden laulua

268 vuotta

268 vuotta rauhaa
koko kirjoitetun historian aikana
yhdeksän sukupolvea
ilman sodan kauhua ja traumaa
mielelläni vetäytyisin
eläke-elämääni viettämään
johonkin rauhaisaan paikkaan
ja aikakauteen

Ajoitus

---

jos saisin aamupäivän optimismissa
laaditut suunnitelmat eteeni
iltapäivän laskevan auringon valossa
en jaksaisi kannatella niitä

jos saisin yöntuntien bluesissa
murehditut huoleni eteeni
aamun sarastuksen keväässä
halaisin niitä kiitollisena

Retriitti

osallistuin retriittiin
siihen kaikista haastavimpaan
kotonani, jokapäiväisessä elämässäni

ensimmäisenä päivänä
kohtaan velvollisuudet
tavat ja rutiinit
ne tonkivat minua syyttelevästi
ne lamaannuttavat minut apatiaan

seuraavana päivänä
en välitä niistä, rikon kaavan
hyppään pyörän selkään ja ajan
riivaajiani pakoon
lihakseni huutavat hallelujaa
ja hälventävät myrskypilvet

nyt istun tässä puutarhassani
katson sen kauneutta
kuin ensi kertaa
häkeltyneenä, hölmösti hymyillen
olen auki maisemalle
maisema on auki minulle

Timotei

timotein tähkässä pieniä valkoisia kukkia
punarinta laskeutuu lähelle maahan
helteisen metsän yllä on autere
nenä tavoittaa etäisen metsäpalon hajun

tänään en stressaa tekemättömiä töitä
annan luonnon puskeutua pihamaalle
ruoho saa jäädä tupsuiksi pihapuiden ympärille
ja nurkkapieliin
vanha navetta on hieno remontoimattakin
laudat saa repsottaa tyylikkäästi
kuin design-lehdessä

kävyt napsahtelevat männyissä
jotkin niistä putoavat maahan
maistan voikukan lehteä ja puna-apilankukkia
riisun paidan pois ja potkaisen crocsit nurmikolle

menen metsään
siellä on kaikki paikallaan, valmista
en tarvitse muuta puutarhaa kuin korkeat männyt ja kuuset
en muuta pihaa kuin sammalpehmeän kuntan
en muita pensaita kuin katajat ja kanervat
en muita kukkia kuin puolukat ja metsätähdet

Runoilijan silmin

miten sinua lohduttaisin
saattelisin pois alhosta
miten piirtäisin kasvoillesi taas naurunrypyt

otan horsman lilaisan muodon
ja hieron sen selkäsi tueksi
nappaan auringon säteitä
ja kierrän ne hiuksiesi kiilloksi
hyppään sävelten selkään
jotka kantautuivat vastarannalta
nostan sielusi kyytiin vierelleni
ja näytän maailman
runoilijan silmin

Sillä hetkellä

---

aamulla
kun aamusumu roikkuu vielä
helteisen auringon edessä
ennen kun velvollisuuksien hyöky
syöksyy ylitseni
vielä kun olen haavoittuvaisimmillani
ja omimmillani
sillä hetkellä kun
uusi päivä on vielä viaton
turmeltumaton
sillä hetkellä näen
kuinka kaunista kaikki on

Luojatar

elämäni oli sumua
ja sumun takaa kajastavia kohteita
sumu oli kuin alkupuuroa
joka kiehuessaan nosti esiin muotoja ja esineitä
kaikki oli eteeristä
vailla tarkastelukulmia
kiintopisteitä
tunne oli seesteisyyttä

sinä nousit esiin sumusta
materialisoiduit
kuin hohtava haltijatar
olit vuorenhuippu, joka nousee pilven ylle
aamuauringon säde, joka karkottaa aamu-usvan
toit mukanasi maailmaani aistimukset
värit, äänet, muodot, tuoksut, maut
ja kontrastit
olit maailmani luojatar

Kauris

aamun sarastaessa
sumun verhoamalla pellolla
näen kauriin sievän hahmon
sen pää on kääntynyt minuun päin
korvat peilailevat ympärilleen

auringon sakarat paljastavat
sumuverhon miljoonat vesipisarat
hengitän niitä sisääni
kuin jotain taikapölyä
kauris ei pelkää minua
se katsoo minua sumuverhon takaa
toisesta maailmasta
taianhohtoisesta maailmasta
todellisemmasta maailmasta

Soivat maljat

sielussani kaikuu
kaipuu
jostain kaukaisesta
täyttymättömästä
elämästä
ei tästä

vajaita maljoja
alkuillasta täyttyneitä
ehjiä, särkyneitä
mahdollisuuksia
valintaa vailla olevia valintoja
arvoituksia

tällä elämällä
onko tehtävää
suurta suunnitelmaa
tunnistanko sen
missä maljassa se kuohuaa
onko takana mielen

onko mitään yhtä ja suurta
polveilevaa virtaa
kaikuuko sisälläni
vuoristopurojen ääni
kuka päättää
mitä kuulen
pysäyttää
näkemään

yhden hetken

ajan
tarkoituksessa monen
maljan

Kuolleiden runoilijoiden seura

lapset nukahtivat juuri
vaimo on äitinsä luona
kaivan kaapin kätköistä DVD:n
olen katsonut sen monesti
kuolleiden runoilijoiden seura
painaudun sohvalle mukavaan sykkyrään
uppoudun sieluni salaiseen nurkkaan
olen taas nuorukainen
jolle kaikki on mahdollista
joka janoaa elämää
pelonsekaisella odotuksella
elän elokuvan roolihenkilöt itsessäni
Anderssonin ja Overstreetin, Daltonin
ja tietenkin Perryn ja Keatingin
liikutun, ylevöidyn, innostun
ja sorrun
en halua palata todellisuuteen
jossa en tartu hetkeen

Pinokkion nenä

hedelmäpuu aidan takana
houkuttelee
jos olisin Geppetto
kaataisin puun
ja veistäisin sen oksasta
oman Pinokkion nenäni

Osoitin

mihin sydämessäni pyrin
mikä on haaveeni ylin
kestääkö hahmoni kitkaa
kuumaa
kylmää
voinko tavoitella tyhjää
voiko suuntaani määritellä arvo
onko väärin jos sen tekee intuitio

rakennanko elämäni
perustalle
samalle
kuten isäni

ripustanko aarrekartan
toiveideni
ja halujeni kirjaileman
silmieni tasalle roikkumaan
elämäni valintoja suuntaamaan

vedänkö syvät henkoset
metsän sammalista
otanko esikuvakseni lintuset
haltioidunko mustikasta

ymmärräthän, tällaisia mietin
ja lopulta etsin
paikan jossa hiljaisuus ottaa
minusta pois sen
johon mieli silloin osoittaa
kun ajattele en

Vanne

lapsi ei suostu nukkumaan
on varvas kipeä
itkettää
räkä valuu nenästä
joutuu niiskuttamaan
pitäisi pitää kädestä kiinni
tulla viereen

en anna periksi
yritän pysyä rauhallisena
raivo nousee minussa
ja odottaa vain pientä kipinää räjähtää
taas lapsi venkoilee
ärähdän
mutta lisää itkua

tutkiskelen tunnettani
sydänalaani
kiristystä ja tukaluutta
huomaan käyttäytymiskaavan
raivon, joka nousee
kun odotus ei täyty

odotan
että lapsi nukahtaa
odotan
että pääsen tekemään jotain omaa juttua
odotan
että asiat sujuisivat

malli on minussa
se on kuin muuri
perusta, jota en pysty muuttamaan
voin todeta sen
että se on osa minua
ja kun näen taas raivon täyttyvän
voin purkaa sen eri tavalla
kuin huutamalla
vaikka itkemällä
tai nauramalla

lapsi nukahtaa
kiristys rinnassa hellittää
ehkä lapseni ja minun välillä on side
rintani ja hänen rintansa välillä

Tuli

annan auringon tulen
tulla läpi suurennuslasin
tulla tulen muinaisen
syttyä eloon, herättää tuohi

tuli tule pesääni
tuli tule tupaani
levitä taikaviittasi
lämpösi, valosi

ruokin sinua
pois heikkoutesi puhallan
otan palan sinua
palaan kynttilän

näen sinut tulevan
rinnalla rakkaani
tuli muutu minussa hurmioksi
kiehuta vertani
älä polta heikoksi

tuli polta materiani
polta turha mielestäni
mutta enhän koskaan kohtaa sinua
verestä veljen
joka ulos suonista virtaa

tuli ota vastaan
vaatimaton majataloni
vieraile hetki pesässäni
tuli tulit, valossasi näin
lämmössäsi pelkoni voitin

Muisto

yritän muistaa sinua
palauttaa mieleen piirteesi
ja sen miltä läheisyytesi tuntui
muistot, ovatko ne todellista
vai kirkkaimpien sirpaleiden kokoelma

muistan kasvojesi hymyn visan
joka väreili odottavana, rävähtääkseen auringoksi
oletko vain tarina, jonka olen kirjoittanut
aidoimmista hetkistämme
hetkistä jolloin näin alkukuvasi

muistoissani olet fantasiatarinaa
haltiattaren suipoissa korvissasi
ja syvään uurretussa mekossasi
yritän elää tuon muiston uudelleen
nostaa sen hetken polttopisteeseen

...tai en ehkä sittenkään
haihtuisit hetken armottoman valon kirkkaudessa
mieluummin haluan uskoa tarinaani
sitä jonka kirjoitin unen kielellä
sen joka on totta vain muistoissani

Vihreät nummet

katson elettyä elämääni
olen tyytyväinen näkemääni
voisin jo mennä
ei pidä mikään minua täällä
annan ruumiini murentua
takaisin maaksi muuttua
näen jo mielessäni avautuvan unen
seuraavan elämäni toden
minun ei tarvitsisi enää uneksia
voisin jo äärettömään sulautua
silti haluan vielä laulaa
vihreillä nummilla vaeltaa
punapäistä tyttöä rakastaa
kaiken taas alusta alkaa

Sointuääni

ottaisitpa minua kädestä
istuutuisitpa viereeni ja
sanoisit minulle sointuvalla äänelläsi
sen mitä haluan kuulla

katsoisit silmiini kaihoisasti
ottaisit vastaan suudelmani väristen odotuksesta
huokaisisit vartalosi rennoksi sylissäni
ja puristautuisit minua vasten

makoiltaisiin aamuntunnit vierekkäin
haaveillen ja nauraen, kuin nuorukaiset
käytäisiin vaeltamassa Skotlannin nummilla
missä molempien sielu resonoi

mutta et ota minua kädestä
etkä istuudu viereeni
nautin äänesi sointuvuudesta etäältä
imien siitä virvoitusta kaipuuseeni

Satama

en toivo että pääsisin kanssasi avioliiton onnelliseen satamaan
toivon että purjehtisimme yhdessä elämän aavalle
en tällä kertaa lastaa laivaa täyteen odotuksia
enkä pidä sinua ihanteitteni jatkeena

ymmärrän myös ettet ole tarpeitteni tyydyttäjä
olet ihminen, toinen kaltaiseni, vajavaisuudessaan uniikki
sopikaamme matkasäännöt vapaudestamme käsin,
toimikaamme ilman pakkoa tai painostusta

joustamattomasta puusta tehty masto katkeaa meri-ilman vaih-
teluissa

yritän pitää mielessäni että olet eri ihminen huomenna
olen valmis tutustumaan sinuun huomennakin
ja rakastumaan uudelleen
tai olla rakastumatta

vuoksia ja luodetta ei voi pidätellä, tuska on vähäisempää jos
emme vastustele

lupaan, että en esitä menneiden merimailien perusteella
tulevaisuuteen kohdistuvia vaatimuksia
enkä vaadi sinua olemaan jotain
en aio vaatia rakkautta

voin pyrkiä näkemään sinun siluettisi
vasten ulapalle nousevaa aurinkoa
sellaisena kuin olet
mutta annathan anteeksi jos en aina näe

viettäkäämme välillä aikaa eri kajuutoissa
sillä päivittäiset tottumukset voivat eksyttää
meidät toistemme luota
tällöin pystymme nauttimaan paremmin toisistamme
yhteisellä kannella trooppisen auringon alla

ja jos tulee kriisejä, myrskyä ja kylmää
muistan että se on yhteinen koettelemus
eikä se johdu sinusta
tai minusta

tule rakkaani, joka hetki on oikea hetki
laskea purjeet ja lähteä satamasta
kohti elämän aavaa

Jouluruno

lyhdynvalo pimeässä
paljastaa punaisen seinäpinnan
tuli kynttilässä
polttaa läpi huolen pinnan

on hiljaista, kaunista
tuoksuu hyasintti ja kuusi
otan kiinni tunteesta
kadonneesta, joka on kuin uusi

pieni lapsi konttaa
nousee tuolia vasten
katsoo silmiin, jokeltaa
löydän hänestä ihmeen

sydän täyttyy lämmöstä
mieli rauhan syleilystä
aika pysähtyy, ikuisuus laulaa
lyhdynvalo sisälläni loistaa

Jätinkirkko

pihlaja kukkii
se näyttää kaiken
kohottautuu kauneudellaan
ohi lumipalloheisin
tämä kesä on sen kesä,
kirpeä ja arvokas

juhannusaattona
satoi rakeita
jo toiset kesäkurpitsan taimet
ovat pilalla
tämä kesä on tällainen
ailahteleva ja odottava

ajoin pyörällä jätinkirkolle
istuuduin keskelle kivikehää
ampiainen pörräsi jossain
keinautteli puna-ailakkeja
aurinko oli korkealla
kylmänä ja kelmeänä

en päässyt kesään kiinni,
en vaikka yritin
tai sitten kesä oli
hankala

Haave kesäyössä

en saanut unta
oli liian kuuma
ulkona tuoksui kesäyö
raikkaus ja kosteus
aurinko oli alimmillaan
siirryin hieman peittääkseni sen
koivunlehvästön taakse
ilmassa oli utua
energiaa pisaroiden kyydissä
hengitin ahnaasti

linnut olivat hiljaa
puiden lehtien lomassa
vain hentoja kesäyön henkäyksiä...

jos en olisi tässä
olisin vain maisema
se johon kurkotan
jos saisin valita
olisin pisara ilmassa
olisin hento tuulenvire lehvästössä
olisin kesäyössä haaveiltu haave

Keuhkojen protesti

keuhkoillani on jokin hätä
astman oireita
ja toistuvia flunssia
ja taas yskä

tutkiskelen rintakehääni
tuntemuksia
painoa, ahdistusta, pistoksia
yritän löytää syyn
miksi en voi hengittää vapaasti

saan vaikutelman
surumielisyyden vanteesta
se kiertää rintakehääni
ruskeana ja ruosteisena
katson sitä lähemmin

ongelmat nousevat silmieni eteen
hetket jolloin en uskaltanut olla se joka olin
hetket jolloin valitsin sen mitä en olisi halunnut
hetket jolloin tunsin katkeruutta menneisyyttäni kohtaan
hetket jolloin unelmani saivat täystyrmäyksen

annan kiitollisuuden valon
laajeta rintani keskeltä
koskettamaan vanteen reunoja
annan kiitollisuuden sulattaa
vanteen pois
annan kiitollisuuden
loistaa minusta ulos

kumma kyllä
tämä yskä parani
parissa päivässä

Omenatarha

anna, vien sinut omenatarhaani
heinäkuussa kun valkoapilat kukkii
haluan kävellä siellä kanssasi
illan hiljaisuudessa
kun perhoset ja mehiläiset vielä uurastavat

haluan koskettaa sinua
antamalla sinulle elämyksen
näyttää sinulle salaisen kohdan omenatarhassani
se on tuossa, näetkö
kun pysähdyt
ja hengität kuin minä hengitän
katsot niin kuin minä katson
se on tuo halkeama kuvassa
huomaatko?

haluan nähdä sinut
tuntea kammiovärinäsi
sykkeesi, rytmisi
haluan maistaa sinut
määritellä sinut tuoksuna

kuoresi on minulle liiankin tuttu
samoin ajatuskaavasi ja tunnepalettisi
ne saavat nyt jäädä tänne

nyt vien sinut omenatarhaani
tuosta halkeamasta sisään
ihmemaahan

Paulalle

työ ja arki eksyttivät minut
menetin otteen itsestäni
väsymys esti minua uimasta
takaisin minuuteni rantaan

ryömin hiljaisuuden syliin
annoin sen tuudittaa minut
takaisin sydämeni rytmiin
ja hetkiin hengitykseni välissä

valo virtasi takaisin
oman itseni henki palasi kotiin
rakkaus oli taas väripaletti
jolla maalasin maailmani

näin sinut uudelleen
nuoren miehen silmillä
muistin miksi sinua rakastan
miksi olet parasta mitä minulla on

Sumuhaiku

lehdettömät oksat
onkivat pisaroita sumusta
tilhiparvien helinä pihlajien luona
koko päivän kestävä hämärä
liikkeettömyys, kalseus
pisara ei putoa oksalta
ihmisen hahmo pellonreunalla
metsän siluetti häälyy taustalla
ilman yksityiskohtia
tilhet ovat lähteneet

Vaikutelma

katson ruukussa olevaa kasvia
huomioni kulkee kokonaisuudesta
yksityiskohtiin
etsien vaikutelmaa
pidän analysoivan mieleni
karsinassaan
silmäni päästävät kasvin sisääni
kuin kameran suljinaukon valon
vaikutelma välittyy
saa sisälläni ääniraudan resonoimaan
näen kasvin
vai näkeekö kasvi minut

Torajyvät

---

vaaleanharmaa kuura
ohuena pintana ruoholla
sulamisen odotuksessa

timoteintähkät kypsinä
osin tummuneina
lintujen nokkimina

joissain tähkissä
torajyviä
kuin saalistaan puolustavina kynsinä

Harakka smokissaan

valkoisuus on peittänyt
omenatarhan lepoon
valo nostaa metsänrajasta esiin värejä
rehevää vihreää
runsasta ruskeaa
lumen pälviä oksillaan
kuin sinestä pudonneita hattaroita
kuu viipyy aamuisella taivaalla
haalistuvana
sukeltaa hitaasti päivän pinnan alle
harakka lentää smokissaan

Mystinen yö

talviyön tähdet
kimaltelevat kylminä
katseeni sukeltaa avaruuden mustaan
unohdan kuka olen tässä ajassa
vajoan aikakausien risteyskohtaan

avaruuden peili
ei itsessään kerro mitään
se näyttää vain kuvajaiseni ja sen
missä kulkee
ymmärrykseni raja
se kutkuttelee aivojani
tähdet tuikkivat
kuin aivosolut oivalluksista
revontulien roihu
saa tajuntani laajenemaan

Jansson

katson todellisuutta kuin maalausta
jotta näkisin sen paremmin

taiteesi esittää todellisuuden uudelleen
jotta näkisin sen ensimmäisen kerran

ikkunasta näkyvä maisema
on sinisen eri sävyin maalattu
hämärtyvän talvi-illan hetkistä

Metamorfoosi

nuijapäät lammessa
eri kehitysvaiheissa
kellä kaksi jalkaa
kellä yksi

lampi heidän maailmansa
katveineen ja matalikkoineen
eri kohdat sysäävät
nuijapäitä eri suuntiin

matalikon karuus
nopeuttaa kehitystä
syvässä ja rehevässä vedessä
ei ole kiirettä kehittyä

on hyvä olla vielä nuijapää
aikainen maalle mönkijä
on myös ensimmäinen ateria

Kuunsolmu

kuu oli solmussa
minä heräsin unesta

Väärä hetki

yritän selittää sinut
pois sydäntäni varjostamasta
aistin sinut
epätodellisen samankaltaiseksi kuin minä olen
oletko nyt se heijastus
jonka sydämeni tekee
ollessaan puhdas
läsnä oleva
ilman odotusta

en uskalla jutella
en halua lisää todisteita
rakkautesi kiviaitoihin
oli jo melkein liikaa

miksi saavuit juuri nyt
juuri kun kaikki oli hyvin,
tasapainossa

Selkäkipu

istun laiturin portaille
alaselkää vihlaisee ikävästi
se meni taas jumiin lasta nostaessa, toimintakyky putosi puoleen

aurinko on alhaalla
järvenpinta on peilityyni
joku sukeltajalintu katoaa veden alle
odotan milloin se nousee pinnalle
odotan ja odotan
kunnes unohdan odottaa
ja huomioni on jo kalojen
nostattamissa pyörteissä
siellä täällä

selkää vihlaisee taas
ja mäkäräisiä on jo liikaa
ärsyttää
yritän olla läsnä tässä iltahetkessä
en onnistu
siirryn saunakammariin
vesilintu viuhahtaa ruovikosta
ja päästää kimakan varoitusäänen
se muistuttaa selkäkipuni sävyä

yritän uudelleen
tavoittaa hetken
tuijotan valkoista seinäpaneelia
ja kuivuvia pyyhkeitä
tyhjiä oluttölkkejä hyllyllä
pieni napsahdus kylmenneestä kiukaasta
jokin kärpänen

tempoilee ikkunassa
suljen silmäni
saan tehtyä raon kaaokseen
saan pienen hetken
houkuteltua luokseni raosta
se saa riittää tähän hätään

In My Darkest Hour

suurta suunnitelmaa ei ole!
se on peruttu
Piste!
on vain epämääräistä poukkoilua tilanteesta toiseen
tunteiden ajamina
ajatusten riivaamina
ja itsepetoksen kirsikka kakun päällä
virnuillen väittää että kaikki tapahtuu niin kuin pitää tapahtua

on kuitenkin suuri salaisuus!
yhtä aikaa ahdistava ja vapauttava
"voit suunnitella elämäsi"
"olet oman onnesi seppä"
suunnata ajatukset tietoisesti haluttuun suuntaan
herättää suunnitelmiin sopivat tunteiden rakenteet
luoda se, mitä kokee tai näyttelee kokevan
maailma ei erota onko näyttelijä vai unissakävelijä
ja katso, valkeus tuli!

suurinta tragediaa on tietää tämä
mutta silti jatkaa poukkoilee
kun ei osaa päättää tai ei jaksa katsoa ajatusta loppuun
nukahtaa kesken näyttelemisen
äärimmäistä itsensä rääkkäämistä
on tietää tämä ja yrittää tehdä oikeita valintoja

"jokainen valinta on oikea"
"jokainen valinta on samanarvoinen"
"jokainen valinta on vain vaihtoehto"

Einstein ja suhteellisuusteoria,
voisiko kukaan olla lähempänä totuutta!

tunteet ja ajatukset ovat pahimpia vihollisia
piruja, demoneja
ne ovat myös maailman luojia

valita kumpana haluaa ne nähdä

jos tiedostaa tämän
antaa ajatusten jatkaa loputonta asioiden selittelyä
voi nähdä maailman muuttuvan harsoksi
jonka pinnalle pyörii tekotaiteellinen filmi
nauraa sille
koska se riemu joka tästä oivalluksesta nousee
ei kuulu siihen tunteiden kirjoon
jota keho kantaa mukanaan
tuo riemu on ainoa mikä on totta

jumalaa ei ole
minä olen jumala
jumala lakkaa olemasta
kun itsepetoksen kirsikka houkuttelee
kun uskot kuvia

pudottautuako elämän vietäväksi
miksi määritellä se mikä on oikea valinta tai oikea suunta
viisas ajelehtii elämässä
tarkastellen kaikkea samalla intensiteetillä
hullu yrittää ratkaista asioiden syy-yhteyksiä
yrittää nähdä tarkoituksia
yrittää tehdä oikeita valintoja
hulluista hulluin on se joka yrittää nähdä kaikessa tässä ilmiöiden
maailmassa

jotain suurta tarkoitusta, kaikkea selittävää teoriaa, ratkaisujen
ratkaisua
silloin ollaan unista syvimmässä
koomassa josta vain ihme voi herättää
tai kuolema

joka on ymmärtänyt tämän
tekee vain tekoja hetken pohjalta
palvelee tapahtuvaksi ilmenevää tahtoa
hänellä ei ole tarvetta ajatella mitään
ellei hetki sitä tahdo
ja silloin ajatukset ovat viisautta
hänellä ei ole tarvetta tuntea mitään
ellei hetki sitä tahdo
ja silloin tunteet ovat ymmärrystä
hänellä ei ole tarvetta tehdä mitään
ellei hetki sitä tahdo
ja silloin teot ovat luomista
hänellä ei ole tarvetta olla mitään
ellei hetki sitä tahdo
ja silloin olet se mikä olet

Huurteinen ruusu

olet huurteinen ruusu
et päästä minua
napapiirisi sisäpuolelle

varjelet kauneuttasi
pelkäät sen turmeltumista
lemmen kuumuutta

huurre voi muuttua
umpijääksi,
jääkiteet voivat särkeä ruusun

ohut huurre tekee ruususta kauniin
mutta vielä kauniimpi olet ilman sitä

anna minun olla sinulle
lämpimän kevään
sulattava tuuli
elämäsi hortonomi

Vaa'an kieli

horjahtelin
epävarmuuden tuulen
vaihtaessa suuntaansa minussa
ja siinä osaa minua
joka ei tiennyt mitä olisin

väsyneenä
suojakentän murentuessa
jokainen tilanne saa minut varuilleen
löytämään syitä ja tekosyitä
miksi en olisi sitä mitä olen

silti ilmaisin itseni
pelon luomassa transsissa
ja sen jälkeen painoin pääni
häpeän pensaaseen
ja tärisin

tulit puskista
halusit kätellä minua
ihmettelin ujosteluasi
sanani oli pysäyttänyt sinut
antaneet elämällesi uuden suunnan
ne sanat jotka saivat itseni eksymään
epävarmuuden labyrintteihin
olin koskettanut sinua
ollut sinulle tärkeä

kiitossanasi minulle
olivat vaa'an kieli
joka sai minut horjahtamaan
myötämaan puolelle

Astraalisika 2.0

nainen istuu vastapäätäni
kysyn muutaman avainkysymyksen
jonka jälkeen kuuntelen
ja näytän kiinnostuneelta
tarjoudun tilaamaan ruuan
tiedän salaisuutenne naiset
jotain välimerellistä
oliiveja, punaviiniä
jokin ciabatta hässäkkäleipä
ja ehdottomasti valikoima juustoja
teeskentelen pitäväni juustoista
pakotan itseäni katsomaan silmiin
pakotan itseäni olemaan vilkuilematta muihin pöytiin
annan flirtinomaisia huomionosoituksia
kehun ulkonäköä hillitysti
kuin ohimennen
vilkaisen tietoisesti rintavakoa
niin että hän huomaa sen
luon jännitettä
ja kuuntelen taas kiinnostuneena hänen puheitaan
joista en enää muista mitään
tilaan jälkkäriksi tiramisua
kiitän ihanasta seurasta
annan ymmärtää
että olin tyytyväinen pelkkään
illalliseen
tiedän että hän joutuu hämmennykseen
haluaa tehdä seuraavan siirron
nautin tästä

Kultivoituminen

kultivoitui
kultivoimaan
kultivoitavia

kultivoidessaan
kultivoitavia
kultivoitui
kultivoituneeksi

kultivoituneen
kultivoidut
kultivoituivat
kultivoimaan
kultivoitavia

kultivoituminen
kultivoitui

Äijä

mies eri maailmasta
liittyy seuraan
rikkoo intellektuellin keskustelun
rehvakkaana nahkarotsissaan
hieman uhmakkaana huojuen

hän lausuu omia näkemyksiään
mustavalkoista tekstiä
voimakkaalla äänellään
saaden heikoimmat
allekirjoittamaan

väittely on turhaa
oma mielipiteeni
jyrätään kumoon
suoraviivaisilla ja jokseenkin
järkevillä
(huuto)vastalauseilla

on parempi odottaa
että mies saa asiansa sanottua
taas kymmenennen kerran
loppuun hän lausuu
"perkele!"

Lepotauko

nyt jätän tarkkailijan minussa lepäämään
nyt olen aistit avoinna
nyt nautin tunnelmasta
nyt nautin seurasta
nyt on aika täyttää pikarini kokemuksilla
ja ehkä huomenna
korjaan niiden marjoja

Äänimajakka

hyvää musiikkia lehtereillä
hyvä seuraa
hieman viiniä
syntyy naurua
oivaltavia tarinan kulkuja

naurun remahdukset
sykkivät majakkana äänimeressä
houkuttaen paikalle
lisää harhailijoita
karikkoiselta mereltä

Pako

se mitä sinä sanot
todellisuuden paoksi
on minulle
todellisuuteen pakenemista

Näljänkä

täydellisen hiljaisuuden rikkoo
mäkäräisten kevyt napsuttelu
niiden pyrkiessä ulos ikkunan läpi
päänsisäisen huminan kuuntelu
riittää saavuttamaan tyyneyden

Äänimaisemia

laskevan auringon kerma
vie jamisessioita äänimaisemassa
ohilipuvat purjeveneet
soittavat oman osuutensa

tutut naamat ja hymyt
jatsikesään heränneet nallekarhut
villapaidat ja hatut
analyyttiset katseet ja eleettömyydet
sulavat kesän ensimmäisiin
pimeisiin yön hetkiin
joita rytmittää
musiikin juurevuus

olla tässä
juuri tässä jatsihetkessä
rannalla
vierelläsi
yhdessä
äänimaisemassa

Avainlause

näin että hän oli vaikuttunut puheistani
ja näin myös sen miksi
olimme samaa värettä
puron alku- ja loppupäät

hän kysyi ovatko kaikki unelmani toteutuneet
vastasin että yksi on toteutumatta
mutta en voinut kertoa
että hän oli se

olin niin täynnä kiitollisuutta
että halusin levätä tässä tunteessa
herkutella sillä
enkä tiennyt halusinko ottaa vastaan sitä

jotain unelmia piti jättää seuraavaan elämäänkin

Saari

näytin suuren männyn
ja lahonneen majan sen oksilla
näytin missä lapsuuteni on
ja värähdin arkana edessäsi

päästin sinut saarelleni
peltomeren keskelle
suurten mäntyjen ja kiviröykkiöiden
romanttiseen katveeseen
annoin sinun koskettaa kilpikaarnaa
hyväillä kivien sammalpeitteitä

näytin mielikohtani saaren kulmalta
kiven jolla istun
ja männyn johon nojaan
kaikki näyttää erilaiselta siitä katsottuna
ota tämä muisto sydämeesi
jotta se voi herättää
hetkinä jolloin katoat
hetkinä jolloin pelkäät
hetkinä jolloin pimeä vetää sinut uneen
jolloin kylmä lamaa sinut

Liike ja ei-liike

liike
olen olemassa
ei-liike
en ole olemassa

Kesähenki

olisipa tunteeni sinuun
lämmin kesähenki
ihollasi
huulillasi

laskeutuisipa ihme minuun
koiranpennuksi muuttaisi
nostaisit syliisi
lämpöösi

löytäisinpä salaisen loitsun
joka sydämesi avaisi
ottaisi vastaan
tämän leimun

Alku

---

alkuääni
sisällä pääni
alkusana
siunaus ja mana

maiseman piirto
mieleni muoto
taivaan väri
tunteitteni tuli

Eletyt hetket

olen elänyt vain niinä hetkinä
jolloin olen pysähtynyt
ottanut vastaan hetket
aistieni kautta
ohi suodattimien joita
egoni mielellään asettelee

olen sukeltanut nuoruuden lähteeseen
havahtumiseni hetkinä
aika on pysähtynyt
ja olen ollut alkumetsässä
josta kaikki ideat nousevat
myös idea minusta

vaikka saavuttaisin läsnä olemisen tilan
vain muutamien minuuttien ajaksi
olisi elänyt enemmän
kuin olen tähän mennessä elänyt

Novellitar

luin johdannon sinusta
se oli painettuna
olemuksesi tekstuuriin

ja siitä miten sanoit
ja mitä jätit sanomatta
pääsin perille juonestasi

loppuratkaisuun löysimme yhdessä
löysimme sen sydänrytmiemme laskoksista

Naisen muotokuva

niskan kaari
selän kaari
jalkapöydän kaari

Pelko

---

en pelännyt sitä
mikä oli edessä päin
vaan sitä
mikä oli jäänyt taakseni

Barokkilinna

kalkkikivestä hakattu pylväs
ajan tumma puraisu siinä
menneen ajan loiston kajo
haalistuvina väreinä
rapistuvina rappauksina
urbaanit äänet
saartavat barokkisaaren
entinen loisto pilkahtelee
haluaa uuteen alkuun
valjastaa ihmisten tahdot
inspiraatiot
luomistyökaluikseen

Nykyihmisen tragedia

nykymiehen tragedia
onko sellaista?
Saako siitä puhua?
kenen kanssa siitä voi puhua?
naisen vai miehen?
androgyynin terapeutin?
mitä sanoa ettei asiaa ymmärrettäisi väärin
etteivät sanat kääntyisi vastaan?

nykynaisen tragedia
onko sellaista?
saako siitä puhua?
kenen kanssa siitä voi puhua?
miehen vai naisen?
androgyynin terapeutin?
mitä sanoa ettei asiaa ymmärrettäisi väärin
etteivät sanat kääntyisi vastaan?

missä mies?
missä nainen?
sielläkö missä on?
vai siellä missä odotetaan olevan?
vai kenties siellä
missä olettaa toisen odottavan olevan?
ja mikä siellä on?